Lb 9503.

POLICE DE LA PRESSE.

CONNAISSEZ-VOUS

LES VÉRITABLES MOTIFS

DU PROJET DE LOI

SUR LA

POLICE DE LA PRESSE?

PAR B.-L. BELLET.

Qui malum facit, lumen odit.

PRIX ; 5o centimes.

PARIS,

Chez PONTHIEU et Cie, Libraires, Palais-Royal.

1827.

De l'Imprimerie de A. Henry,
RUE GIT—LE—CŒUR N. 8.

AVANT-PROPOS.

Lᴀ Chambre des Députés retentissait
encore du Projet de Lói sur la Police de
la Presse, lorsque j'entendis s'élever de
toutes parts un long cri d'étonnement :
curieux d'en connaître les causes, j'inter-
rogeai, et l'on me répondit : « L'instruc-
» tion et les lumières seront proscrites de
» notre patrie par la loi nouvelle, et nos
» enfans seront esclaves, parce que la
» servitude est fille de l'ignorance. » J'ai
voulu connaître le degré d'alarmes que de-

vait inspirer l'œuvre dernière de M. de Peyronnet. J'ai lu l'Exposé des motifs du Projet de Loi, et j'ai fait les réflexions suivantes.

CONNAISSEZ-VOUS

LES VÉRITABLES MOTIFS

DU PROJET DE LOI

SUR LA

POLICE DE LA PRESSE?

Les lois qui président à la naissance d'un empire ne peuvent être les mêmes pour toute sa durée : elles doivent recevoir des modifications nécessitées par le progrès des lumières, et par la marche de la civilisation ; mais les lois doivent toujours être faites en considération des mœurs et du caractère du peuple qu'elles doivent régir. Aussi, alors que des réformes importantes et de nouveaux besoins réclament une législation nouvelle, on doit d'abord examiner si la loi, que l'on veut substituer à la loi qui existait, est en harmonie avec les institutions du pays auquel elle est destinée, et si le mal et les abus que l'on veut détruire ne seront pas remplacés par d'autres maux et d'autres abus qui, pour être différens des premiers, n'en seront pas moins redoutables.

Si M. de Peyronnet ne se fût pas dissimulé la vérité de ces principes, sans doute il n'aurait pas soumis aux Chambres une loi que réprouvent et nos institutions et nos libertés, et le génie lui-même.

Nos institutions réprouvent la loi sur la Police de la Presse, puisque la Charte consacre le droit que les Français ont de publier et de faire imprimer leurs opinions ; nos libertés réprouvent cette loi, parce que la liberté est fille de l'instruction et des lumières, et que précisément le but de la loi est de les anéantir ; le génie lui-même réprouve la loi nouvelle ; mais, plus heureux que nos institutions que l'on viole, que nos libertés qui chancellent, il ne peut être opprimé, et il s'échappera pour aller respirer sous un ciel étranger l'air pur et libre qui lui convient.

La révocation de l'Édit de Nantes, en empêchant le libre exercice des cultes, exila dans l'étranger notre commerce et notre industrie ;

et la loi de la Police de la Presse, en enchaî-
nant l'exercice de la pensée, transplantera dans
un autre pays le génie, production attachée
depuis long-tems au sol de la France, et dont
la culture y semblait protégée par l'auteur de
la Charte, et par les royales promesses de
Charles X.

Mais, puisque la Charte n'est plus qu'une
ombre qui s'évapore à chaque moment; puisqu'on ne peut en invoquer la protection; puisque, sous le sceptre qui la proscrivit, la censure
se débat encore, il faut combattre le Projet de
loi sur la Police de la Presse par lui-même;
démontrer qu'il est fondé sur de faux motifs,
sur des craintes imaginaires, et dévoiler tous
les fléaux qui nous accableraient bientôt si une
telle loi était adoptée.

Ce n'est pas la religion que cette loi veut
défendre contre les prétendues productions
de l'impiété; ce ne sont ni l'honneur des citoyens, ni la paix des familles que cette loi
veut préserver des traits de la calomnie.

En effet, la religion ne chercherait pas un
abri dans une loi sur la Police de la Presse, et
la religion, comme l'a judicieusement observé
M. de Châteaubriand, n'est pas même nom-
mée dans le projet : je le conçois facilement,

car, telle était la position du Ministre, qu'il n'a pu soutenir ouvertement que la religion de l'État ait été l'objet d'attaques ou d'injures impunies, et qu'il n'a pu avouer qu'il ne voulait venger que ces doctrines ultramontaines repoussées par nos lois combattues par nos écrivains.

« Les meilleurs citoyens sont outragés, et » chaque jour d'odieux libelles déciment les » réputations. » Voilà ce qu'avance M. le Garde des Sceaux. Mais, où voit-il que notre législation soit imparfaite pour réprimer ces excès, quand les Tribunaux ont puni, par exemple, les biographes, encouragés dans le principe par une impunité peut-être calculée, toutes les fois que leurs écrits portaient le caractère de la diffamation ou de la calomnie ?

Jusqu'ici on pensait que la vie privée n'existait pas, en quelque sorte, pour l'homme public : le ministre proclame que l'homme en place ne doit compte à personne de cette vie privée, et cependant un tribun romain aurait voulu habiter une maison transparente !

La liberté de la Presse propage les lumières et la vérité, elle est le seul organe qui puisse porter aux pieds du trône les inquiétudes et les justes alarmes de tout un peuple : elle devait trouver des ennemis.

Je le répète, la défense de la religion contre les impies, de la paix domestique contre les diffamateurs, n'était qu'un vain prétexte pour soumettre aux chambres une loi que, depuis long-tems, réclamait la domination théocratique.

Ministres (car aucun d'eux n'est étranger au projet de loi)! Ministres ! Selon vous les livres font le mal ; vous les proscrivez, ou du moins vous ne voulez que de ceux qui pourront trouver place dans les bibliothèques ouvertes aux écoliers de Saint-Acheul; vous ne voulez pas que le peuple s'instruise, parce que le peuple ignorant est plus crédule et plus facile à tromper ; vous ne voulez pas que chacun reçoive une éducation proportionnée à ses besoins, et vous frappez d'un droit fiscal les petits livres, afin que le prix en soit plus élevé et qu'ils soient moins populaires; la propagation des lumières vous effraie ; mais leurs progrès ne vous effrayeraient pas, si l'ombre ne devait assurer vos coups quand vous attaquez nos lois, nos libertés.... Redoutez-vous que le peuple sache lire, dans la crainte qu'il n'apprenne, en parcourant les pages de notre histoire, que la France eut des Ministres qui contribuèrent à son bonheur, qui encouragèrent les arts et les belles-lettres, dans la crainte qu'il ne lise et qu'il ne compare le présent au passé ?

Pour le génie et les lumières, la loi proposée est une loi de proscription : je veux le prouver.

Le projet de loi ne dit pas : La censure est rétablie ; mais le dépôt de cinq ou dix jours ordonné par l'article 1er, n'est que la censure travestie sous une autre forme ; censure d'autant plus redoutable qu'elle sera plus occulte, et dont les agens ne pourront pas même être dénoncés au mépris public !

Que répondait-on à ceux qui ont préconisé, que répond-on à ceux qui proclament l'invasion du jésuitisme en France ? Où trouvez-vous des Jésuites ? Et l'on dira désormais à ceux qui s'effraieront des excès de la censure, où trouvez-vous des censeurs ?

Les Jésuites ! on les rencontre partout où ils peuvent arrêter la propagation des lumières, partout où ils peuvent ruiner le commerce, enchaîner l'industrie ; et, chaque fois que l'édifice de nos libertés éprouve une secousse, c'est la Congrégation qui frappe, qui agit, mais qui pourrait bien un jour être écrasée sous ses ruines, tant il est vrai que l'on ne méconnaît jamais impunément les droits d'une grande nation !

Les Censeurs ! ils se trouveront dans ces clubs secrets, d'où l'intolérance bannira la bonne foi. Quand un ouvrage serait rejeté ou admis, suivant que le jésuitisme en craindrait la publication, ou qu'il le trouverait conforme à ses vues; quand un ouvrage ne pourrait plus paraître sous la tutelle d'un inquisiteur, et que je m'écrierais : les improvisations seules échapperont désormais au vandalisme de la pensée; bientôt la France sera veuve des génies et des talens qui l'honorent; on me répondrait encore que la censure n'existe pas ! Eh ! que m'importe le nom que recevront les émissaires de Mont-Rouge ; je ne considère que le résultat de leur mission.

L'esprit qui a présidé à la rédaction du projet de loi se manifeste dès le premier article; et, en le combinant avec les articles 2 et 22 du même projet, on se convaincra que la ruine de l'imprimerie serait le résultat immédiat de l'adoption de ce projet de loi.

Si, pendant le dépôt, l'ouvrage est jugé contraire à l'esprit de la Congrégation, s'il est frappé de sa réprobation, il est anéanti sans ressources ; et voici comme on agira : l'imprimeur apprendra que l'auteur va être poursuivi, et l'imprimeur de répondre : je sui étranger à cette poursuite ! Non, vraiment, lui dit-on, et, aux termes de l'article 22 : « Tout » imprimeur d'écrit publié et condamné sera, » dans tous les cas, responsable civilement et » de plein droit des amendes, des dommages- » intérêts et des frais portés par les jugemens » de condamnation. » Réfléchissez à votre position : ainsi, et par le fait de cette censure déguisée, un procès sera en outre inévitable. Avant d'en tenter les chances, on pense ordinairement aux moyens d'en supporter la perte ; eh bien ! telle est la position de l'imprimeur que s'il perd son procès, il perdra son état. En effet, si l'imprimeur soutient la lutte, et que l'ouvrage soit condamné, non-seulement ses frais, ses avances, sa main-d'œuvre seront perdus pour lui, mais encore, au moment où il songerait à réparer cet échec, on le frappera d'interdiction ! Le désespoir restera seul à cet homme plongé dans la misère, ruiné sans ressources et peut-être étranger à tout autre état ! Si on demande quel peut être le but de cet article, je réponds que l'on veut que les imprimeurs soient les premiers censeurs des auteurs; qu'en réduisant un imprimeur à l'impossible, c'est-à-dire, à juger par lui-même de tous les ouvrages qu'il peut imprimer, on est sûr, par ce moyen, qu'il ne voudra pas se charger en face d'une pareille loi, et sous l'arbitraire qui le menace, du manuscrit qui lui sera présenté, et que, dès lors, aucun ouvrage ne pourra paraître sans un laissez-passer du grand inquisiteur.

Ainsi, l'état d'imprimeur sera ruineux, soumis aux vexations les plus absolues, et la honte est le seul sort réservé à ceux qui pourraient devenir les complices de la censure.

Je me demande maintenant, je demande à tous les hommes raisonnables, si la liberté de la Presse telle qu'elle existe, même avec ses abus, que la justice sait toujours réprimer, n'est pas moins dangereuse que la ruine entière de cette liberté : détruire la Presse pour l'arracher à ses propres excès, c'est tuer un malade pour le délivrer de ses souffrances !

J'ai dit que la Congrégation n'était pas étrangère au projet de loi sur la Police de la Presse, et l'on peut être assuré que c'est un congréganiste qui a rédigé les dispositions de l'art. 2, puisque cet article n'est qu'une ruse, heureusement trop grossière pour qu'elle ne frappe pas l'esprit à la seule lecture du projet de loi : je m'explique.

Par le rétablissement de la censure, ou pour être plus d'accord avec les expressions de la loi, par le fait du dépôt des ouvrages à la douane jésuitique, il est évident que la police ne peut craindre aucun écrit, puisqu'elle pourra l'étouffer dès son origine ; il est plus évident encore que les Jésuites qui ont dicté le projet de loi, pourront écrire, et qu'ils n'auront pas besoin de se demander permission à eux-mêmes pour mettre leurs presses en usage : je dis *leurs presses*, parce que, quand ce tems sera venu, les brevets d'imprimeurs ne seront accordés qu'après un pèlerinage à Saint-Acheul, et après le serment de complicité dans tous les desseins de la Congrégation.

Voilà des faits évidens.

Dès lors, on ne conçoit pas, au premier abord, la nécessité de l'article 2 ; mais en songeant quels en ont été les auteurs, nous nous supposerons pour un moment à leur place, et nous ferons ce raisonnement qui, très-certainement n'a pas été étranger à leurs esprits.

« Il faut donner (se sont dit les rédacteurs » de l'article), il faut donner à l'article 1ᵉʳ une

» apparence de généralité ; il faut laisser croire
» que cet article s'applique à tous ouvrages
» émanés de tous écrivains ; et, quoique con-
» fiscant les presses à notre profit, nous soyons
» sûrs d'empêcher l'exercice et l'influence de
» la pensée toutes les fois qu'elle pourrait
» nous être nuisible , il convient d'apporter à
» la règle établie quelques exceptions pour
» donner à l'arbitraire une teinte de légalité. »

C'est par suite de ce calcul que l'article 2 de
la loi a été rédigé ; et, chose remarquable ,
c'est à ceux qui ont été les instigateurs de
la loi, c'est à ceux qui en attendent impatiem-
ment le résultat, que cette loi accorde des
immunités et des priviléges !

Les Mandemens et les Lettres pastorales sont
affranchis de la formalité du dépôt : ainsi un
Évêque est infaillible ; il peut prêcher des
doctrines erronées ; il peut attaquer nos institutions ; il peut, par exemple, apologiste de
la Congrégation, appeler de tous ses vœux les
Jésuites à la direction, soit de la jeunesse, soit
des affaires du Gouvernement ; il peut, dans
un Mandement........... Eh ! quoi ! M. de
Peyronnet a-t-il pu affranchir ainsi les Lettres
pastorales de la formalité exigée par l'article 1er
pour les autres ouvrages ? Il aurait dû songer
que ces Lettres pastorales, destinées au peuple,

devaient être l'objet d'une critique d'autant plus sévère, que l'on pouvait ajouter une confiance d'autant plus grande à leurs auteurs ; il aurait dû songer enfin que, dans le Code Pénal, se trouve l'article 204 qui punit, dans certains cas, la licence des Lettres pastorales que nos Législateurs, instruits par l'expérience, n'ont pas considérées, par leur seule nature, comme toujours hors de blâme.

Mais les ultramontains se glorifient de compter quelques Évêques dans leurs rangs, et dès lors il a bien fallu leur permettre d'être les organes de leurs doctrines !

Ainsi la loi doit étouffer les justes clameurs qui accueillent l'invasion du jésuitisme, plutôt qu'abriter l'autel contre des manœuvres de l'impiété : ainsi, l'honneur et le repos des citoyens ne nécessitaient pas une loi contre laquelle vinssent enfin se briser les traits de la calomnie, parce qu'en France il y a des lois qui punissent les calomniateurs.

J'achève de dévoiler les véritables motifs du projet de loi.

Cette loi affranchit de la formalité du dépôt *les mémoires sur procès, publiés seulement pendant le cours de l'instance, et par un avocat inscrit au tableau.* Le Ministre songe-t-il aux mémoires que M. le comte de Montlosier a publiés avant que la Cour royale ne fût saisie d'une instance à jamais mémorable? et veut-il imposer silence à ses adversaires, pour s'éviter l'embarras de la discussion? Le Ministre semble craindre que des mémoires éclairent les magistrats : pense-t-il donc que les magistrats jugent, sans approfondir et l'importance de la question et les résultats de leurs décisions? Qu'il se souvienne donc des procès de tendance !

Monsieur le Garde des Sceaux paraît redouter aussi que les lumières n'éclairent les Membres des deux Chambres, et que les Députés et les Pairs ne cherchent à prévoir, par l'opinion publique, l'influence de telle ou telle loi. Aussi, il n'accorde la dispense du dépôt, pour les écrits publiés sur les lois présentées aux Chambres, *que lorsque ces écrits sont publiés pendant la discussion ouverte à chacune d'elles.* Quelles conséquences affligeantes on peut tirer de cette disposition du projet de loi! Ou l'écrivain imprimera ses réflexions sur le projet de loi à discuter, avant l'ouverture de la discussion, et alors la perte du tems qu'entraîneront le dépôt et la publication, fera que la brochure ne paraîtra que pour assister à la clôture des débats; ou, se conformant aux vo-

lontés de la nouvelle loi, l'écrivain ne publiera
ses réflexions que pendant le cours de la discussion; et, dans ce cas, le fruit de ses travaux
et de ses recherches sera encore perdu pour le
bien public; car on discutera pendant qu'il
composera, et souvent on aura voté l'adoption
du projet de loi qu'il combattait, quand ses
observations seront rendues publiques.

~ Quant à l'affranchissement du dépôt, relati-
vement aux avis dont la publication aurait été
permise par l'autorité municipale, M. de Peyronnet pouvait s'en rapporter sur ce point à la
surveillance que cette autorité exerce. M. Di-
nocourt apprenait, il y a quelque tems au public, qu'il n'avait pu parvenir à faire placarder
l'annonce d'un livre intitulé : *Le Conspirateur.*
Le titre de cet ouvrage explique la conduite que
l'autorité a tenue, et qu'elle tiendra toujours.

Ainsi donc, si cette loi de proscription était
adoptée, une vaste branche de notre industrie
et de notre commerce serait anéantie; la pensée
serait captive chez un peuple qui a une charte
constitutionnelle ; si cette loi de proscription
était adoptée, les progrès des belles-lettres et
de la littérature s'arrêteraient au milieu de leur
course ; l'ignorance succéderait à l'instruction,
les ténèbres à la lumière; les seuls livres adop-

tés seraient ceux dont Mont-Rouge sanction-
nerait la publication : et quels livres alors pren-
draient la place de ces pages sublimes dont les
auteurs font la plus belle partie de notre gloire !
Si cette loi était adoptée, que de fléaux prêts
à fondre sur nous ! Ces lois sur le droit d'aî-
nesse, sur le sacrilége, et sur la Police de la
Presse, en font appréhender d'autres qu'il est
inutile d'énumérer ici, tant on connaît le nombre et la pesanteur des chaînes dont on veut
nous accabler ! Si cette loi enfin était adoptée,
la plainte serait vaine, et les accens de l'indignation seraient alors couverts par les cris de
victoire de la secte qui s'agite incessamment
dans l'ombre !!....

Oui, sans doute, l'adoption de cette loi serait l'anéantissement d'une vaste branche de
notre industrie.

Les auteurs de la loi peuvent ignorer quelle
multitude immense d'ouvriers elle réduirait à
la misère; ils peuvent ignorer le nombre de
toutes les professions qui se groupent autour
de l'imprimerie, et qui seraient frappées du
même coup qui atteindrait leur mère com-
mune, puisqu'ils ne connaissent ni les règles,
ni les plus simples usages de l'imprimerie, et
que le projet de loi a été conçu dans une ignorance absolue de la matière qu'elle doit régir.

Si les rédacteurs de l'article 3 eussent daigné s'initier aux habitudes de l'imprimerie, ils auraient appris que la différence des caractères de l'écriture et des caractères de l'impression, met l'imprimeur dans l'impossibilité de déclarer le nombre de feuilles que tel ouvrage produira, et que son calcul ne peut jamais être qu'approximatif. Qu'arrivera-t-il ? On veut que l'imprimeur énonce que tel manuscrit produira tant de pages; s'il se trompe (ce qui arrivera toujours) dans sa déclaration; si même son calcul se trouve par hasard exact, mais que, pendant le cours de l'impression, des documens nouveaux ou des notes utiles nécessitent une augmentation de feuilles, les feuilles qui excéderaient le nombre déclaré seraient détruites ! ! ! Le but d'une telle disposition n'est-il pas d'entraver l'imprimerie, et d'en amener la ruine totale ?

Si les rédacteurs de l'art. 4 avaient voulu s'instruire des usages de l'imprimerie, on n'eût pas cru qu'ils pensaient peut-être qu'un ouvrage sortait de la presse tout broché, et prêt à être livré de suite au commerce.

« Tout déplacement, dit l'art. 4, ou trans-
» port d'une partie quelconque de l'édition,
» hors de l'atelier de l'imprimeur, avant l'ex-
» piration des cinq ou dix jours, sera consi-

» déré comme une tentative de publication. »

D'après l'usage introduit dans la librairie, à mesure que les feuilles sont imprimées, elles sont enlevées des ateliers, et distribuées entre plusieurs personnes ; chacune d'elles se charge de faire sécher une partie de ces feuilles qui passent ensuite à l'assemblage et à la brochure ; et voilà maintenant que si l'imprimeur veut, à l'expiration du délai du dépôt, livrer un ouvrage qui, quelquefois, est de nature à avoir aujourd'hui l'intérêt qu'il n'aura plus demain, il sera tenu d'avoir une maison assez grande pour contenir tous les ouvriers qui concourent à mettre un livre en état de vente ! Le bon sens réprouve une telle disposition ; il n'est pas étonnant que la Congrégation l'adopte. Que les ouvriers occupés de l'assemblage et de la brochure soient dans leurs ateliers respectifs, ou dans les ateliers de l'imprimeur, cela ne devrait-il pas importer fort peu ? Mais il importait au système de destruction de la Presse, que la plupart des imprimeurs fussent forcés de quitter leur profession, parce qu'ils ne pourront subvenir aux dépenses excessives qu'occasionnera la location d'édifices assez vastes pour contenir une multitude d'ouvriers disséminés ordinairement sur plusieurs points.

Le projet de loi sur la Police de la Presse veut détruire l'imprimerie, et arrêter l'élan de la pensée, en opprimant les auteurs.

C'est ruiner l'imprimerie, que de placer les imprimeurs entre la honte ou la spoliation de leurs droits et de leur fortune ; c'est ruiner l'imprimerie, que d'entraver l'exercice de cette profession, en imposant à l'imprimeur des conditions qu'il ne pourra remplir, puisqu'il est évident que ce dernier ne peut être juge de tous les ouvrages qui sont confiés à ses presses ; qu'il ne peut faire la déclaration certaine du nombre de feuilles que tel ou tel manuscrit doit fournir, et qu'enfin il ne peut pas toujours avoir des hôtels assez grands pour que l'*assemblage*, le *satinage* et la *brochure* s'exécutent sans déplacement ! C'est ruiner l'imprimerie, que de la condamner à vivre du seul produit des œuvres de la Congrégation ! Mais l'anéantissement est préférable au déshonneur ; et quelle honte pour les presses françaises, si, esclaves de Mont-Rouge, elles n'étaient un jour destinées qu'à reproduire ses doctrines.

Ce n'était pas assez que la loi atteignît les imprimeurs, il fallait que les auteurs eux-mêmes fussent frappés par cette loi : le génie et les lumières étaient-ils devenus eux-mêmes aussi

odieux que la Presse qui publie les chefs-d'œuvre du génie et propage l'instruction ?

Désormais la plume des écrivains sera stérile
dans nos pays, parce qu'elle ne pourra reproduire les pensées généreuses que l'amour des
lumières et des libertés publiques inspirerait
vainement ! Désormais, que d'écueils ouverts
sous les pas des écrivains : d'abord, l'inquisi-
tion établie sur la pensée, leur apprendra que
les ouvrages entourés de scapulaires, ou con-
sacrés à la propagation des doctrines ultramontaines, et à l'apologie de la suprématie de
l'autel sur le trône, seront les seuls qui pourront paraître ; l'écrivain ensuite osera-t-il en-
treprendre un ouvrage dont peut-être il faudra
sacrifier une partie, si l'imprimeur n'a pas été
assez heureux pour déterminer, dans sa déclaration, le nombre de feuilles que cet ouvrage
doit fournir ? Que d'auteurs, enfin, ne pourront ni supporter, ni faire supporter au public
l'augmentation de ce droit de timbre, dont le
résultat est sans doute destiné à récompenser
les censeurs, et à les indemniser de la perte de
leur honneur ; car le trésor royal ne peut s'enrichir d'un impôt prélevé sur les productions
du génie !

La Congrégation qui a affranchi de la formalité du dépôt les œuvres qu'elle pourrait créer, consacre en sa faveur de nouvelles dispenses par l'art. 5 du projet de loi : les *Mandemens*, les *Lettres pastorales*, les *Livres élémentaires*, *Cathéchismes*, etc., ne seront pas soumis au timbre qui est imposé aux autres ouvrages. Comme dans cette loi tout se rattache aux vœux et aux besoins de la Congrégation !

Les Jésuites réclament la direction de la jeunesse ; et si jamais un sort si malheureux était réservé à notre patrie, les livres élémentaires seraient tous fabriqués par les congréganistes ! Pour ces livres, la censure n'existerait pas ; pour ces livres, publication libre, impunité absolue ; pour ces livres, affranchissement du timbre ! Ah ! du moins, et si M. de Peyronnet ne se jouait pas ouvertement de nos institutions, il aurait au moins mieux déguisé ses intentions ; il aurait soumis au timbre les ouvrages de la Congrégation, et il lui eût été facile de faire rentrer dans le trésor de Mont-Rouge des sommes qu'il n'en eût arrachées que pour donner à la loi une apparence de justice, et pour ne pas accorder à cette Congrégation des immunités dont elle avait assuré pour elle, par l'art. 1er du projet de loi, jusqu'à l'inutilité.

Mais, comme on l'a dit, le Projet de loi n'a été fait que contre la France ; la loi sur la Presse ne peut atteindre les Jésuites qui échappent à toutes les lois.

Maintenant, la Belgique et les pays libres que nos dépouilles doivent enrichir, offrent l'hospitalité aux imprimeurs exilés de leur patrie; l'étranger leur dit : Si la loi dont on vous menace est adoptée, quelle sera votre distinée? Vous tomberez, parce que vous refuserez de subir le joug; donnerez-vous à vos ennemis le spectacle de votre chute? Eh quoi! nos institutions et nos libertés ne sortiront-elles pas victorieuses de la lutte qui s'engage? Quelle honte pour notre pays, si cet espoir n'était pas réalisé; si un jour on oubliait que c'est la France qui donna le jour à tant d'écrivains illustres, à tant d'immortels génies, et si les noms de ces grands hommes se naturalisaient ainsi que leurs ouvrages dans des pays étrangers!

Du moins, et comme le génie du mal a besoin de tems pour accomplir son œuvre, nous ne serons pas les témoins de ce désastre, si ce désastre est réservé à notre belle patrie; mais ce seraient nos enfans qui verraient la France de François Ier et de Louis XIV dégradée, avilie, et le fanatisme substitué à la religion de leurs pères!

Si, parmi ces enfans, quelques-uns instruits par la tradition, apprennent l'histoire du passé, quel sera leur étonnement, en pensant que cette France qu'ils trouveraient alors barbare, ignorante et esclave, fut civilisée, brillante de toutes les gloires, et libre! Quelle sera leur indignation en pensant que les Ministres d'un Roi constitutionnel ont seuls imprimé à leur époque ce mouvement rétrograde! et, aux jours de leur affliction et de leurs regrets, nos enfans s'écrieront: Les Ministres de Charles X ont dû fuir la lumière, puisqu'ils voulaient faire tant de mal!